# L'ALPHABET

de

I0826126

EDMOND LEROY

IMPRIMEUR ÉDITEUR

Rue de l'Arbre-Sec N° 35.

PARIS.

Tous droits de reproduction réservés.

# L'ALPHABET

de

# Petit Charles

BIBLIOTHÈQUE NATIONALE R.F. IMPRIMÉS

10798

**EDMOND LEROY**

IMPRIMEUR ÉDITEUR

Rue de l'Arbre-Sec N° 35.

**PARIS.**

Tous droits de reproduction réservés.

# L'ALPHABET
# DE PETIT CHARLES.

**A** Georges a résolu d'apprendre ses lettres par une Méthode nouvelle, à son petit frère,

«Tiens mon petit Charles,» lui dit-il, «viens dans le pré, je vais te donner une leçon de lecture sans livre . . . . »

«C'est ennuyeux les livres . . . . »

Puis saisissant une longue perche qu'il incline en la tenant d'une main par le haut, et de l'autre par le milieu,

«voici un A.»

**a à â e é è ê i o ô**

**u au eau ai eu ou**

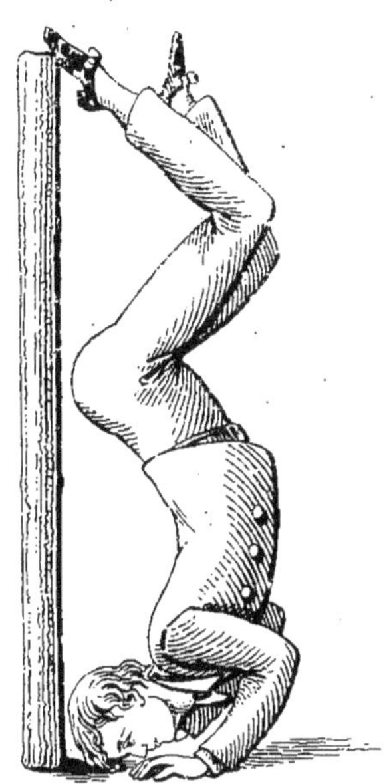

**B** Georges, on le devine déjà, a eu au Collége un accessit de gymnastique;

Il veut prouver que cette faculté, dans laquelle il est fort, n'est pas étrangère aux Belles-lettres.

Le B exige une certaine vigueur de muscles . . . . . .

**ba be bi bo bu**

**ab eb ib ob ub**

**baba bébé bibi bobo abbé**

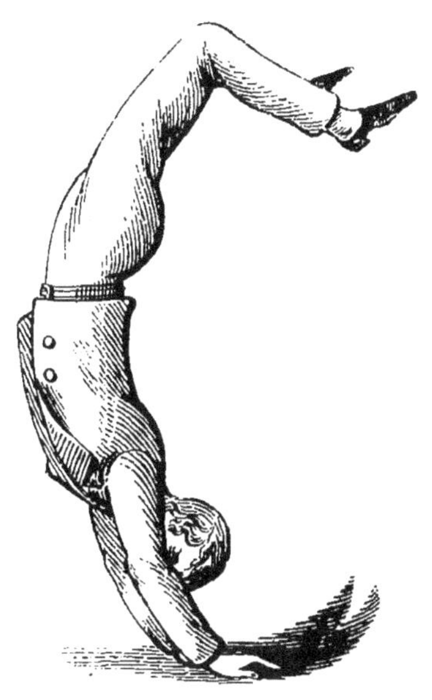

C Mais le C est la lettre principale et comme la clef de la méthode;

Aussi voyez quelle forme gracieuse le professeur s'applique à lui donner;

Admirez ces pleins et ces déliés souples et élégants!

**ca ce ci co cu**

**ac ec ic oc uc**

**bac bec cab ceci coucou**

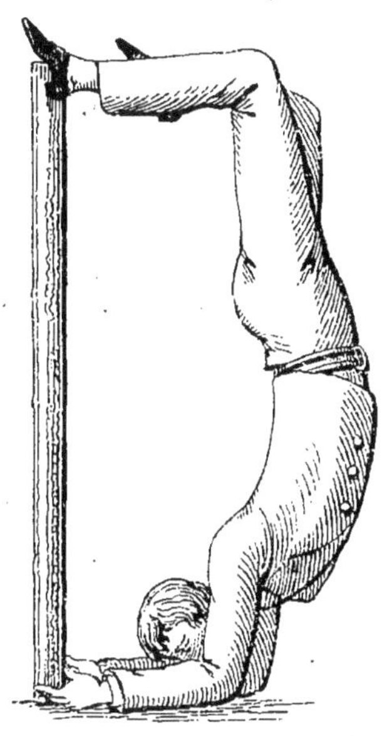

D Le D est moins difficile,
Au moins on peut s'appuyer les pieds et la tête le long du premier jambage;
Cepehdant, l'écriture en est encore fatigante . . . .

**da de di do du**

**da da do do do du duc**

**ca di cid code caduc**

**ca deau bedeau**

# L'ALPHABET
# DE PETIT CHARLES.

**E** On a bien mérité un instant de repos;
L' E et sa sœur l' F se font sans qu'on y pense et la canne à la main.
Pour l' E on ajoute une canne aux pieds

**eb ec ed be ce de**

**décédé cé dé déci ide ode**

**F** Georges fait remarquer à son frère que l' F n'est qu'un E dont on a coupé le pied,

Et qui, par un miracle d'équilibre, se tient aussi droite qu'avant cette amputation.

**fa fe fi fo fu**

**af ef if of uf**

**office fade face foi fou**

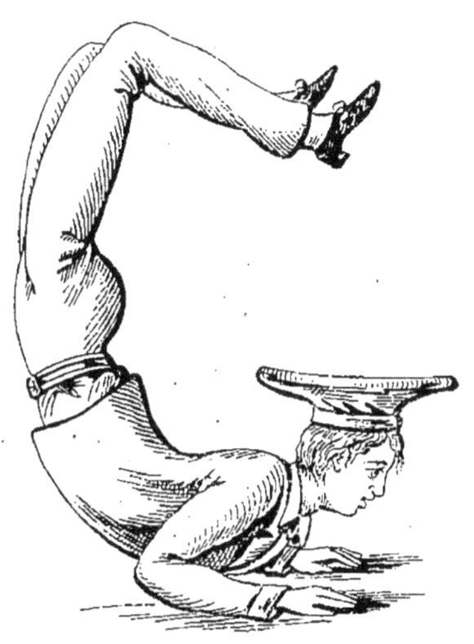

**G** Pour qui sait former le C, le G est facile;

Il suffit d'ajouter au délié du bas un petit trait, que Georges représente en couvrant sa tête de la casquette plate de Baptiste.

On dirait un petit banc sous un petit berceau.

**ga ge gi go gu**

**gage gigue aga agi agacé gui**

L'ALPHABET
DE PETIT CHARLES.

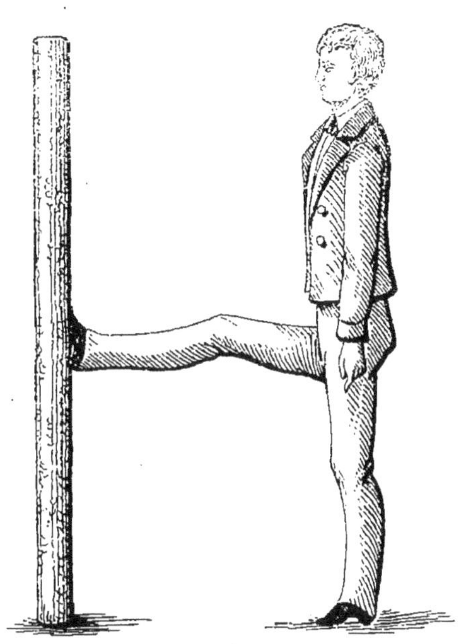

**H**

On l'écrit d'un coup de pied;

Se plaçant en face de sa perche plantée en terre, Georges y dirige son pied et sa jambe en forme de trait d'union.

C'est ce qu'on peut appeler écrire à coups de hache.

**ah! ha! eh! hé!**

**cha che chi cho chu**

**hache bêche biche coche**

**bouche chou**

# L'ALPHABET
# DE PETIT CHARLES.

**I** La tête et le corps, droits; les bras, collés au côté; fixe . . . . . . on dit que c'est pour le soldat la position la plus difficile à conserver . . . . . . sous les armes, peut être;

Mais dans mon **Alphabet**, c'est la lettre la plus simple et que j'aime le mieux parce qu'on n'a rien à faire pour l'écrire.

**J** Il se distingue de l' I par un petit appendice final qui fait l'ornement de Médor;
Georges est bien obligé d'emprunter un secours étranger,
Le tapis du bureau a justement une superbe queue,
Il se l'ajoute avec orgueil un instant.

**bi ci di ef fi gie fi gé i ci**

**ja je ji jo ju job déjà juge**

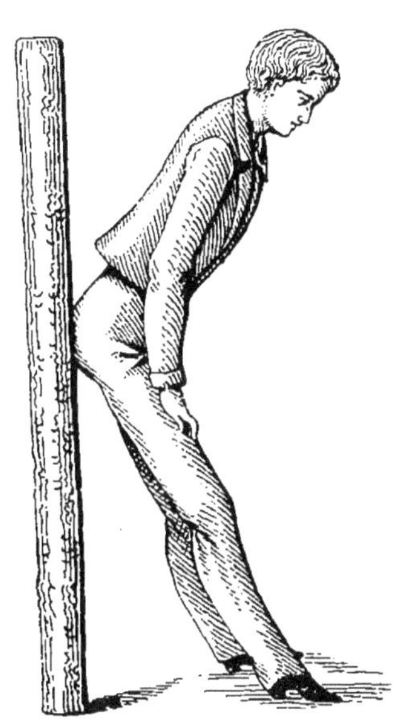

**K**

Quelle lettre disgracieuse !
On voit bien qu'elle n'est presque pas française.
Papa dit qu'on s'en sert plutôt dans quelques langues du nord.

**ka ke ki ko ku**
**kakatoès kilo kilomètre**
**kilogramme**

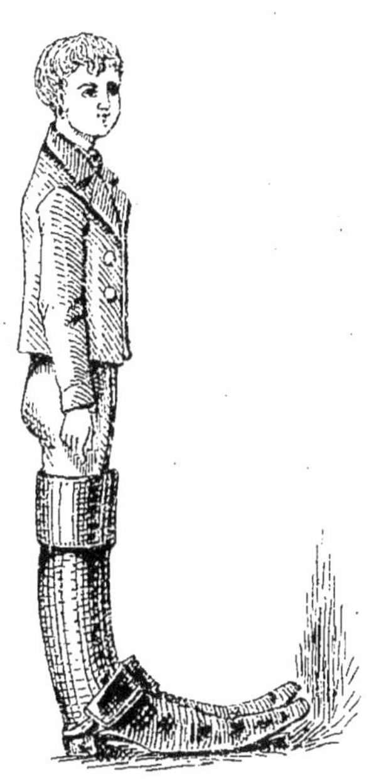

**L** En chaussant cette botte que papa a laissée parce qu'elle a le pied un peu trop long,
Je ressemble à peu près à la lettre L.

---

**la le li lo lu**

**lucie lié lac laid là**

**lâche loi louage louche lui**

L'ALPHABET
DE PETIT CHARLES.

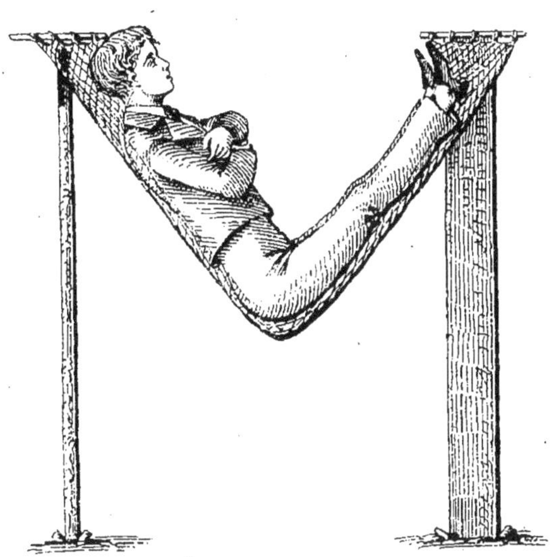

M Voici enfin la plus charmante de toutes les lettres ;
On a eu bien raison de la placer au milieu de l'Alphabet,
On s'y repose de la fatigue du commencement et on rassemble ses forces pour la fin;
Mais quelle lettre agréable que cette M !
Et quel doux nom elle porte !
C'est la première lettre de Mère.

**ma me mi mo mu**
**mal mai meuble meule midi**
**modèle moule mule aime**

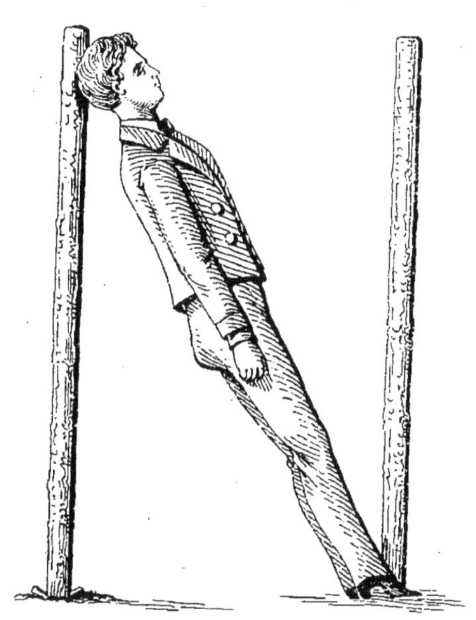

N Cette lettre demande un grand effort de tête;
Non pas pour réfléchir . . . . mais pour maintenir ainsi le corps en ligne droite oblique.

**na ne ni no nu**

**an in on**

**nacelle nage nain none nef**

**négoce neige neuf niche nigaud**

**noce noble nom non nul**

L'ALPHABET
DE PETIT CHARLES.

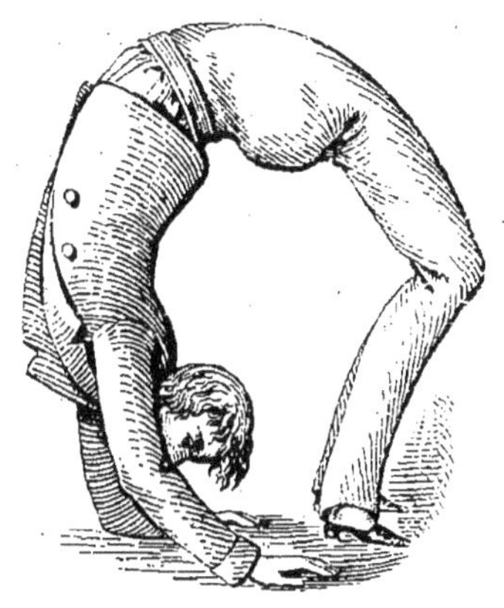

**O** C'est ici qu'il faut s'appliquer;
l' O exige beaucoup d'attention;
Et encore, on obtient malaisément une courbe mathématique.

**ob oc od of og**
**obéi obligé obole océan**
**oncle onde ongle oui**
**opinion opulence**

**P** Georges prouve que la faculté dans laquelle il est fort peut mener très-haut.

pa pe pi po pu

pacha page paille palet palme

pamphile panade papillon pomme

pain poupée pipe pie

pied pièce

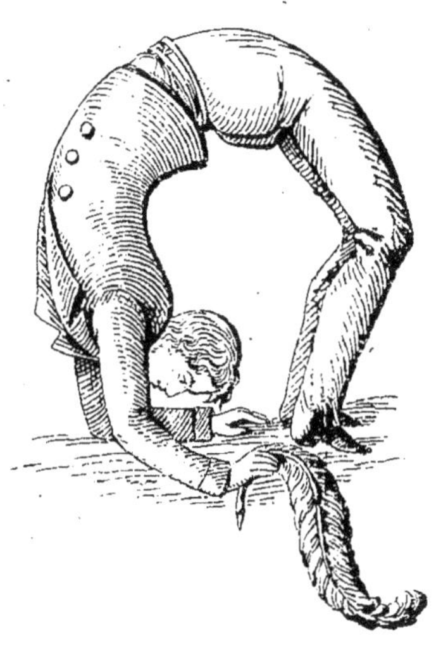

Q C'est comme l' O,
Seulement, il y a toujours cette queue . . . . qu'on a décidément bien de la peine à porter comme il faut.

**qua que qui quo**
**quai quand quel quille**
**quelqu'un queue quoi**
**quinine quinquina**

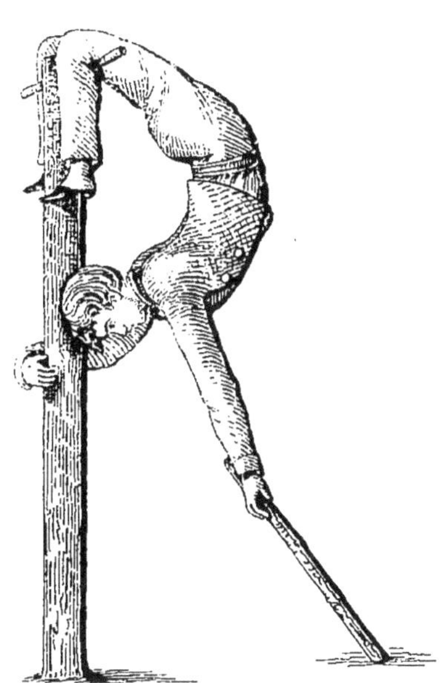

**R** Ajoutez au P un support et vous avez l' R ;
Ce n'est pas que Georges ait besoin de tuteur, non . . . . . mais la forme de la lettre demande ce soutien apparent.

**ra re ri ro ru**

**rabbin raccommoder raccourcir**

**rendre racine race radeau**

**rage raie rame rameau**

**ramier rang recoin refus règle**

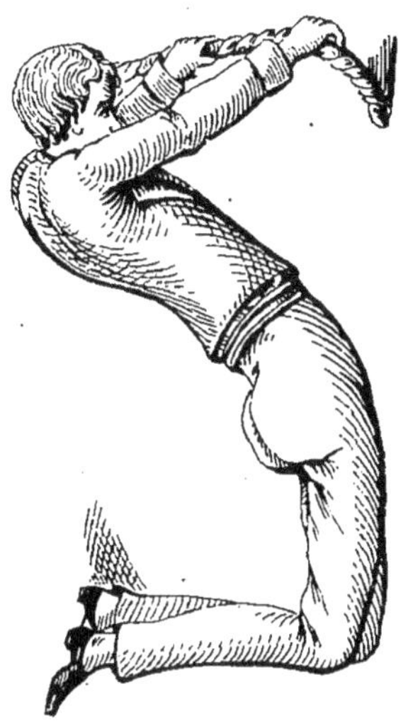

S L' S est comme un serpent qui se tortille,

C'est comme le cou d'un cygne en haut; et en bas, c'est la même chose, seulement à l'envers;

Enfin, tu comprends, n'est ce pas Charles; moi je ne peux pas bien faire cette lettre-là, papa dit que je n'arriverai jamais parceque je n'ai pas assez de souplesse.

**sa se si so su**
**as os sac sec soc suc**
**sabre sobre sable sacre sage**
**sain saint son salle salon seigneur**
**sel sapeur sapin sauce**

L'ALPHABET
DE PETIT CHARLES.

T En tenant sur ma tête cette corbeille en équilibre,

Comme le petit pâtissier porte dans son panier les gâteaux que mère nous achète le Dimanche,

Je te parais comme un T.

**ta te ti to tu**
**ton ta tes toi tabac table taille**
**tapage tapis tas tasse tempe tan toilette**
**tampon teinture télégraphe tête timbre**
**tissu tigre tonneau tube turc**
**toujours trace troupeau**

U

La première fois que j'ai fait cette lettre, nous étions au bois de Boulogne, sur le grand lac,
Il y avait de la glace, et tout le monde patinait;
J'ai voulu courir, j'ai glissé, et j'ai fait un U sans le vouloir.
Maintenant que je sais, je le fais plus doucement.

**un nu uni**

**uniforme usage user**

**utile ustensile**

L'ALPHABET
DE PETIT CHARLES.

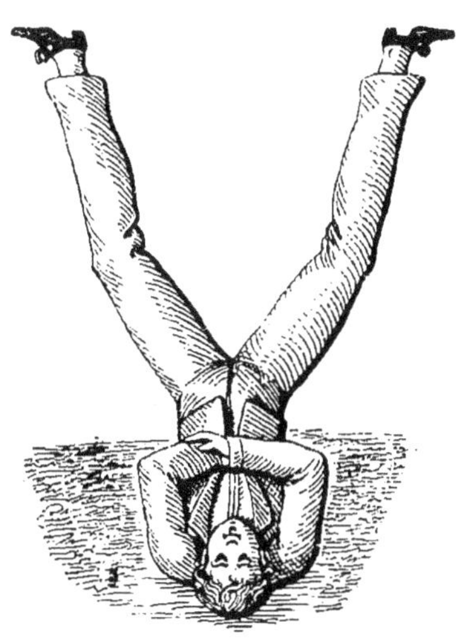

**V** Manière de dormir pas commode du tout ;

Je recommande bien à Françoise quand elle fait mon lit, de me mettre les pieds un peu moins haut.

Mon petit Charles, il y a aussi le double V (W) ; mais je ne peux en faire qu'un à la fois;

Quand tu seras plus grand, tu te mettras à côté de moi et nous serons un double V (W).

**va ve vi vo vu**
**vacance vache vacciner vain**
**vaisseau vaisselle valet vallée vapeur**
**venin vertu verre vipère**

**X** Quand tu es très-fatigué et que tu te détires de tout ton cœur,
Tu fais un X sans le savoir.

xa xe xi xo xu

Xénophon Xanthe Alexandre

Xavier luxe Sixte axe genoux

Limoux animaux anxieux

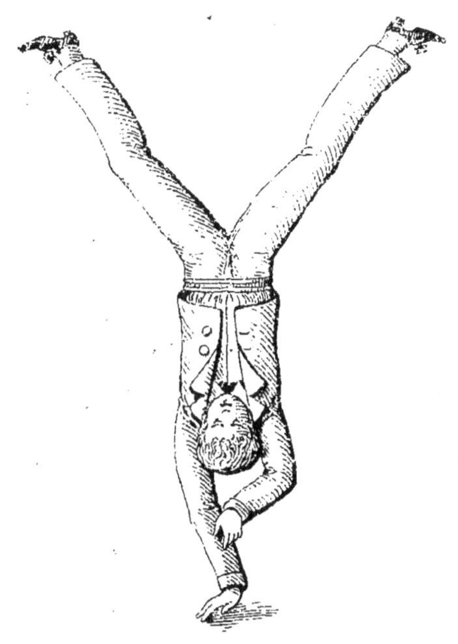

**Y** La coupe d'un vrai verre à pied;
Bien facile à renverser,
Comme celui que tu as répandu ce matin sur la nappe, mon petit Charles.

**y ya yo**
**yeux pays cygne**
**voyageur tuyau moyen citoyen**
**synonyme pyramide**
**Leroy**

L'ALPHABET
DE PETIT CHARLES.

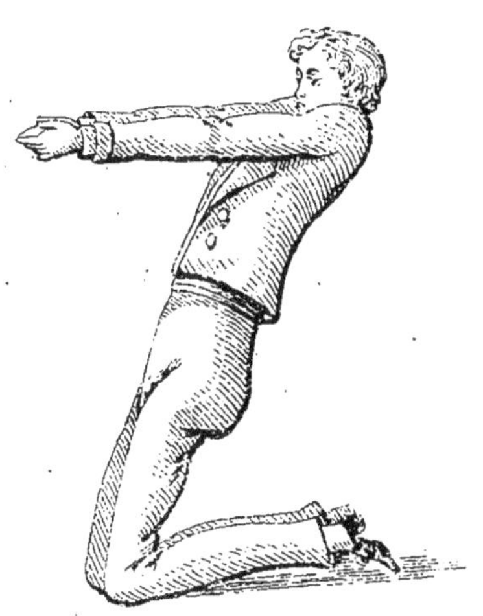

**Z** Allons! à genoux, Georges; et demande pardon d'avoir osé publier une méthode de lecture et d'écriture,
Non encore approuvée par l'Université,
Et d'ailleurs si peu conforme aux programmes en vigueur.

za ze zi zo zu

zinc zèbre zèle zéphyre

zéro zoologie lazare azote

BIBLIOTHÈQUE NATIONALE

## IMPRESSIONS ILLUSTRÉES

pour faciliter

L'ÉDUCATION & L'ENSEIGNEMENT.

---

En préparation pour paraître incessamment:

Homère: Tableaux extraits de

l'Iliade.

Homère: Tableaux extraits de

l'Odyssée.

Virgile: Tableaux extraits de

l'Enéide.

Mythologie Grecque et Romaine

en Tableaux.

Imp. Edmond Leroy, rue de l'Arbre-Sec 35. Paris.

www.ingramcontent.com/pod-product-compliance
Lightning Source LLC
LaVergne TN
LVHW050543100826
845148LV00002B/663